Dieses Buch gehört:

KINDER ENTDECKEN KUNST

Für Vincent

KINDER ENTDECKEN KUNST

Wer ist eigentlich dieser Picasso?

Britta Benke

Buntstiftzeichnung von Picasso und seinen Kindern

- 6 Picasso? Picasso! Picasso!
- 8 Die bunten Kostüme der Harlekine
- 12 Spielen mit Formen
- 16 Picassos Leben
- 22 Ich suche nicht. Ich finde.
- 30 Picasso der Verwandlungskünstler
- 36 Im Atelier
- 37 Kreativ-Workshop
- 38 Museen
- 41 Eines Tages nehme ich einen Fahrradsattel …

Picasso?

Picasso! Picasso!

Hast du schon einmal den Namen Picasso gehört?
Pablo Picasso ist einer der bekanntesten Maler der Welt. In seinen Bildern hat er die Figuren und Gegenstände oft anders gemalt, als wir es gewohnt sind, zum Beispiel von mehreren Seiten gleichzeitig. Damit hat er die Menschen überrascht.

Picasso interessierte sich sehr dafür, wie Kinder zeichnen. Als er schon ein berühmter Maler war, sagte er: »Wenn Kinder draußen auf der Straße oder an den Wänden zeichnen, bleibe ich immer stehen. Was unter ihren Händen entsteht, ist erstaunlich, ich lerne oft etwas dabei.«

Mit seinem Sohn Claude und seiner Tochter Paloma malte er oft zusammen, manchmal stundenlang. Wenn du sehen möchtest, was Picasso, Paloma und Claude hier gemeinsam gezeichnet haben, blättere einfach eine Seite zurück!

Ständig hat Picasso neue Maltechniken ausprobiert. Er hat aber nicht nur gemalt, sondern stellte auch mit ungewöhnlichen Materialien wunderbare Skulpturen her. All das wirst du in diesem Buch erfahren.

Am Ende weißt du, wie du Picassos Kunst erkennen kannst und was ihn von anderen berühmten Malern unterscheidet.

Der Maler Picasso beim gemeinsamen Zeichnen mit seinen Kindern Claude und Paloma

Die bunten Kostüme der Harlekine

Vorhang auf für Paul! Picasso hat in diesem Bild seinen kleinen Sohn gemalt. Das war bestimmt anstrengend für Paul, so lange ruhig zu sitzen!

Was für einen schönen bunten Anzug er anhat! Fast wie ein Prinz – aber er trägt ja keine Krone. Eher eine Kappe mit Stoffhörnern, die fast wie eine Piratenmütze aussieht. Und dazu das passende Gewand, eine Art Clownskostüm, wie es die Harlekine im Zirkus tragen.

Für die bunten Karos des Kostüms hat Picasso hier abwechselnd eine warme Farbe, Gelb, und eine kalte Farbe, Blau, verwendet. Die ausgemalten Farbflächen sind immer mit dunkelblauen Linien umrandet. Wie die Farben vor dem dunklen Hintergrund des Sessels aufleuchten!

Picasso liebte diese Harlekin-Kostüme wegen ihrer farbenfrohen, großen Muster. Er hat Pauls Kostüm, auch die Rüschen am Kragen und an den Ärmeln, sehr sorgfältig gemalt. Andere Teile des Bildes sehen wiederum aus, als seien sie noch gar nicht fertig! *Glaubst du, Picasso hat den Rest des Sessels oder die Füße von Paul mit Absicht so gelassen?*

Verkleidest du dich auch gern? Picasso verkleidete sich für sein Leben gern, auch als er schon groß und ein berühmter Künstler war. Als kleiner Junge in Spanien hatte er einmal nach einem Stierkampf so lange keine Ruhe gegeben, bis er endlich den Anzug des Stierkämpfers aus der Nähe sehen und anfassen durfte. Später hat er auch viele Kostüme für das Theater entworfen.

Seite 9: Paul als Harlekin

Picasso in seinem Atelier mit Mandoline und Katze

Kannst du in dem Bild rechts drei Musikanten entdecken? Die lustigen Gestalten scheinen aus lauter zerschnittenen und aufgeklebten Papierstückchen zu bestehen. Was gehört zu wem? Statt Gesichtern hat Picasso Masken gemalt!

Der Harlekin in der Mitte, der mit dem bunt gemusterten Kostüm, spielt Gitarre. Picasso liebte Musikinstrumente, besonders wegen ihrer Formen. Und wer bläst da die große Flöte? Das ist doch Pierrot, der Clown, der immer an seiner weißen Kleidung zu erkennen ist. Manchmal, wie hier, trägt er dazu eine schwarze Halbmaske.
Ob der dritte mit dem langen Bart und dem schwarzen Umhang ein Mönch ist? Und was spielt er? Akkordeon? Oder hält er nur die Noten?

Ich sehe etwas, was du nicht siehst, und das ist braun! Ein Hundeschatten! Hast du ihn schon entdeckt? Da hat Picasso doch tatsächlich noch einen Hund unter dem Tisch versteckt!

Drei Musikanten

Spielen mit Formen

Wer ist das mit dem bunten Gesicht und den grünen Zöpfen? Das ist Maya. Picasso hat hier seine erste Tochter gemalt, als sie drei Jahre alt war. Er malte oft Bilder von Menschen, die er gut kannte und gern hatte. Dies ist nur eines von fünf Porträts, die Picasso kurz hintereinander von Maya gemacht hat. Auf allen Bildern sieht sie anders aus!

Sind Mayas Haare gefärbt? Komisch: Mit den Augen stimmt auch etwas nicht. **Ist eins davon verrutscht?** Mit dem länglichen schaut sie uns an. Mit dem anderen guckt sie zur Seite. Merkwürdig! Auch die Nase und der Mund sind gleichzeitig von vorn und von der Seite gemalt! Wenn man genau hinschaut, weiß man nicht, ob Maya traurig oder glücklich ist.
Das kannst du oft bei Picasso sehen, dass er die Menschen so gemalt hat, als würden wir sie von verschiedenen Seiten gleichzeitig sehen.

Mayas Gesicht ist nur aus farbigen Flächen zusammengesetzt – wie ein bunter Würfel sieht es aus. Aber nicht nur ihr Kopf besteht aus eckigen oder spitzen Formen. Sie sitzt auf einem schwarzen gemusterten Teppich. Neben ihr liegt eine Kugel.
Ist das ein Ball oder ein Wollknäuel? Und was hält sie denn da in den Händen? Ist das lila-grüne Dreieck das Segel eines Spielzeugboots? Oder etwa ihr Kleid? Aber es gibt noch mehr Dreiecke! **Wie viele farbige Dreiecksformen kannst du entdecken?**

Seite 13: Maya mit Boot

Wie so oft hat Picasso auch auf der Rückseite dieses Bildes genau geschrieben, wo und wann er es gemalt hat: in Dinard, einem Ort in der französischen Bretagne, als er einmal mit seiner Frau Olga und Paul Badeferien machte.

Das Meer, der Strand und die Felsen, die aus dem Wasser gucken: Du kannst alles leicht erkennen. Aber die badenden Frauen? Das sind ja vielleicht lustige Urlaubsgäste! Die Linke, die einen Schlüssel in der Hand hält und dieses kleine Badehäuschen aufschließt, sieht doch aus wie eine Banane mit Gesicht! Oder wie ein Bumerang. Welche Frau hat schon solch einen Körper? Wenn sie den Ball wegschießt, dann fällt die andere um, die in der Mitte mit den Stangen-Beinen und dem Gesicht, das wie ein Knopf aussieht. Und die rechte? Frau Doppel-Dreieck: Arme wie ein Elefantenrüssel und Haare wie eine Bürste. Kugeln? Zahlen? Buchstaben? Zeichen? Picasso sagte: »Was ich sehe, stelle ich dar, manchmal in der, manchmal in jener Form.«

Immer wieder hat er neue, einzigartige Formen erfunden. Schon als Kind, als er so alt war wie du, hat er in allen möglichen Dingen Formen gesehen.
Die Zahl 7 zum Beispiel: für ihn war das eine verkehrt herum gezeichnete Nase. Und die 0 konnte doch nur das Auge einer Taube sein!

Kannst du auch in Zahlen Formen entdecken?

Picasso gefiel es, bestimmte Bildthemen immer wieder aufzunehmen. Badende Figuren tauchen auch viel später noch in Picassos Bildern auf – als er ganz am Meer lebte und mit seinen Kindern täglich zum Spielen an den Strand ging. Er hat sie nur ständig anders dargestellt!

Badende Frauen am Strand

Picassos Leben
1881 – 1973

1881 Picasso kommt in der spanischen Stadt Málaga (Andalusien) zur Welt. Schon als kleiner Junge kann er außergewöhnlich gut zeichnen. Er lernt viel von seinem Vater, der Zeichenlehrer ist.

1891 Seine Familie zieht nach La Coruña in den Norden Spaniens. Dort besucht Pablo die Kunstschule, an der sein Vater unterrichtet. Mit zwölf Jahren kann er schon so gut zeichnen wie ein großer Maler. Ein Jahr später stirbt seine kleine Schwester Concepción mit sieben Jahren. Sein ganzes Leben kann er das nicht vergessen.

1895 Picasso besteht die Aufnahmeprüfungen an der großen Kunstschule in Barcelona, wo seine Familie jetzt lebt. In den nächsten Jahren besucht er fleißig die Kunstkurse, später auch in Madrid. Die Bilder, die er malt, werden bewundert und gewinnen sogar Preise.

Pablo im Alter von 7 Jahren mit seiner Schwester Lola

1900 Er reist zum ersten Mal in die französische Stadt Paris. Picasso beginnt, viele Bilder in dunklen Blautönen zu malen. Seine Bilder dieser »blauen Periode«, auf denen arme Leute und Bettler zu sehen sind, will aber niemand kaufen. Er hat nicht genug zu essen. Weil er oft kein Geld für Leinwände hat, malt er auch auf seinen Atelierwänden.

1904 Picasso lebt jetzt ganz in Paris. Mit seinen spanischen Freunden besucht er oft den Zirkus und malt die Gaukler und Akrobaten. Da er für seine Bilder oft die Farbtöne Blassrosa und Ocker verwendet, wird diese Zeit später auch »rosa Periode« genannt.

Eines von Picassos berühmten kubistischen Bildern: Geige im Café

1908 Mit seinem Malerfreund George Braque erfindet Picasso zeitgleich eine völlig neue Art der Malerei: Die Menschen und Gegenstände, die er darstellt, zerlegt er in einfache geometrische Formen. Noch nie zuvor hatte jemand so etwas gemacht! Diese Bilder machen ihn überall bekannt. Man nennt sie »kubistisch« (das stammt vom lateinischen Wort »kubus« und bedeutet soviel wie »Würfel«).

1917 Picasso verliebt sich in die russische Tänzerin Olga Khokhlowa. Ein Jahr später heiraten sie. Er entwirft viele Kostüme und Bühnenbilder für das Theater.

1921 kommt ihr Sohn Paul zur Welt. Picasso kann jetzt gut von seiner Kunst leben. Oft malt er Olga und Paul – wie auf dem Bild »Paul als Harlekin«, das du schon kennen gelernt hast.

Picasso mit seinem Sohn Paul in Dinard

Picasso mit Tochter Maya und Hund Ricky in Paris

1927 Er verliebt sich in Marie-Thérèse Walter. Drei Jahre später kauft er ein Schloss im Norden von Paris. Dort gestaltet er viele Grafiken, entwirft Drahtskulpturen und große Skulpturenköpfe, für die Marie-Thérèse Modell sitzt.

1935 wird ihre Tochter Maya geboren. Picasso ist jetzt ein berühmter Künstler und große Museen in der ganzen Welt zeigen seine Bilder.

1936 Picasso verliebt sich in die Fotografin Dora Maar. Sie kommt jetzt oft in seinen Bildern vor. In Spanien beginnt der Bürgerkrieg. Mit einem riesigen Wandbild, das die Zerstörung der kleinen baskischen Stadt Guernica zeigt, macht Picasso auf die Grausamkeiten des Krieges aufmerksam.

Françoise Gilot, Picasso, Claude und Paloma in Vallauris

1939 Während des zweiten Weltkrieges bleibt Picasso fast nur in Paris, wo er weiter seine Bilder malt sowie Skulpturen aus Fundstücken und Papierobjekte baut. 1943 lernt Picasso die Malerin Françoise Gilot kennen und verliebt sich in sie. Er beginnt mit lithographischen Techniken zu arbeiten.

1946 Als der Krieg zu Ende ist, fährt Picasso endlich wieder ans Mittelmeer. Er wohnt und malt in Antibes an der Côte d'Azur in einem alten Schloss, dem Château Grimaldi, das heute ein berühmtes Picasso-Museum ist. In Vallauris in Südfrankreich entdeckt Picasso auch die Keramik als neue künstlerische Ausdrucksmöglichkeit. 1947 wird Picassos Sohn Claude geboren.

1948 ziehen Picasso, Françoise und Claude in die Nähe von Vallauris. 1949 entwirft er ein Plakat für den Frieden mit einer weißen Taube, das später weltberühmt wird. Er nennt seine im gleichen Jahr geborene Tochter nach dem spanischen Wort für »Taube«, Paloma.

1953 Picasso verliebt sich in Jacqueline Roque. Zusammen mit ihr lebt er jetzt immer in seinem geliebten Südfrankreich. Sie wohnen in der Villa La Californie in Cannes, später in seinem Schloss in Vauvenargues und dann in seinem Landhaus Nôtre-Dame-de-Vie in Mougins. Unermüdlich arbeitet Picasso weiter an Gemälden, Zeichnungen, Betonskulpturen, Radierungen und Kostümen fürs Ballett.

Picasso und Jacqueline tanzen in der Villa La Californie

1961   Picasso heiratet Jacqueline Roque. Der 80. Geburtstag Picassos wird überall in der Welt gefeiert.

1973   Mit 91 Jahren stirbt Picasso, längst einer der berühmtesten Künstler, die es je gab. Seine Bilder gehören heute zu den teuersten der Welt.

Ich suche nicht.
Ich finde.

Wenn Picasso nicht gerade einen Pinsel in der Hand hielt, war er bestimmt dabei, irgendwelche Dinge herzustellen. Picasso bastelte leidenschaftlich gern! Er hatte immer ein Taschenmesser dabei, um aus Holzresten kleine Figürchen oder Puppen für seine Tochter Paloma zu schnitzen.

Jeden Krimskrams musste er in die Hand nehmen. Ein wenig Holz und Gips, mit zwei Schnüren aus Draht umwickelt, und schon verwandelten Picassos Finger die Materialien in ein wunderbares Kunstwerk: in einen kleinen Vogel, der vor und zurück wippen konnte, als wolle er fliegen.

Selbst aus Papier stellte er alle möglichen Skulpturen her. Für seine Kinder fertigte er kleine Objekte, auch diese schönen Papierketten, die du vielleicht schon einmal selbst gebastelt hast.

Einmal hatte Picasso in der Metallfabrik eines Freundes gefaltetes Blech entdeckt. Was für schöne Figuren man doch daraus machen kann! Dieser Kunst-Mann hier mit dem kleinen Kopf und der komischen Nase sieht aus, als würde er gerade hinfallen. Oder tanzt er? Er ist auf einem Ständer befestigt, damit er nicht umkippen kann. »Fußballspieler«? Was trägt er denn für ein Trikot – einen Anzug mit Hosen? Und zwei verschiedene Schuhe?

Für Blechskulpturen wie den »Fußballspieler« hat Picasso zuerst ein Modell aus Papier oder Pappe angefertigt. Er hat die Figur aufgezeichnet, ausgeschnitten und an bestimmten Stellen umgeknickt, sodass sie lebendig wirkt. In der Fabrik seines Freundes schnitten Handwerker die Vorlage dann aus Blechplatten aus. Picasso achtete dabei sehr darauf, dass sie die Arbeit genau nach seinem Modell ausführten. Oft bemalte er die Metallskulpturen hinterher.

Fußballspieler

Keramikschale mit Eule

Holz. Papier. Blech. Ton. Wie sein spanischer Künstlerfreund Miró probierte Picasso alles aus. In dem kleinen Töpferort Vallauris in Südfrankreich, wo Picasso lebte, hatten der berühmte Keramiker Ramié und seine Frau ihn eingeladen, mit Ton zu arbeiten. Es dauerte nicht lange und Picasso beherrschte diese Technik, als hätte er nie etwas anderes gemacht. Mit leichten Griffen, ohne Druck, formten seine Hände die mit der Töpferscheibe gedrehten, vorbereiteten Tonkrüge und -gefäße zu Stieren, Tauben und vielen weiteren Tierformen.

Picasso mit seinem zahmen Käuzchen im Atelier in Paris

Schon immer hatten Picasso Eulen fasziniert, diese rätselhaften Vögel mit den besonderen Augen. Als er einmal in Antibes ein verletztes Käuzchen aufgenommen und es wieder gesund gepflegt hatte, tauchten plötzlich auch überall in seinen Zeichnungen, Bildern und anderen Kunstwerken Eulen auf.

Der Kopf dieser Keramik-Eule sieht ja fast wie ein Stop-Schild aus! Oder wie ein Teller? Die Tonform wurde zuerst im heißen Ofen gebrannt. Danach hat Picasso ihren Kopf und Körper mit den typischen schwarzen Streifen für das Gefieder bemalt.

In diesem Buch hat sich noch eine Keramik-Eule versteckt! Findest du sie?

Eule

Ziege

Picasso sammelte die seltsamsten Dinge und bewahrte sie auf. Aus den ungewöhnlichsten Gegenständen, auf die außer ihm niemand gekommen wäre, machte er einfach ein Kunstwerk. Zu Picassos Lieblingstieren zählte auch die Ziege. Ein Palmblatt für den Rücken, ein Weidenkorb für den Bauch, eine Konservendose für das Brustbein, Holz- und Eisenstücke für die Hufe und den Schwanz, Weinstockwurzeln für die Hörner und das Bärtchen, zwei Keramik-Krüge als Euter, dazu Karton – alles zusammengesetzt und mit Gips verbunden, fertig war die »Ziege«!

Skulpturen aus Fundstücken wie die »Ziege« ließ Picasso später mehrmals in Bronze gießen. Kennst du Bronze? Dieses Material, das so hart ist wie Stein und sich so kalt anfühlt wie Eis?

Eine solche »Ziege« aus Bronze, wie du sie oben siehst, stand viele Jahre im Garten seiner Villa La Californie, wo sie Picassos lebender Ziege, die auf den schönen Namen »Esmeralda« hörte, Gesellschaft leisten konnte.

Picasso mit seiner Ziege Esmeralda

Picassos »Zauberreich« in der Villa La Californie.
An den Wänden hängen Porträts, die er von seiner Frau Jacqueline gemalt hat.

Bilder, Möbel, Papierberge: Unordnung wie in einem Kinderzimmer! Picasso brauchte dieses wilde Durcheinander in seinen Arbeitsräumen für neue Ideen.

Auf dem Bild nebenan: Das ist ja ein buntes Sammelsurium! Palmen. Ein roter Vogel. Blumen, die in der Luft herumschweben? Goldtalerregen? Ein Chinesenhaus mit Schubladen. Ein Stuhl mit einem Gesicht als Lehne.

Liegt bei dem Kreuz ein Schatz vergraben? Und was sind das überhaupt für Zahlen unten auf dem Blatt? Eine Rechenaufgabe? Dazu noch in verschiedenen Farben!

Ist dieses Bild vielleicht gedruckt? Es ist eine Lithographie. Lithographie? Das ist eine Drucktechnik, bei der das Bild direkt mit Kreide auf einen flachen Litho-Stein gezeichnet wird. In einer speziellen Druckpresse können dann von diesem Stein beliebig viele Abzüge gemacht werden, man muss nur immer wieder neue Farbe auftragen. Picasso gefiel diese künstlerische Technik, bei der sich sein Bildmotiv Stein um Stein erweitern und verändern ließ.

Für ein Blatt wie dieses sind mehrere Farben übereinander gedruckt worden. Kannst du sehen, wie viele Farben es sind? Unten am Bildrand kannst du auch erkennen, an welchem Tag diese Lithographie von Picassos Atelier in der Villa La Californie entstanden ist.

In Picassos Atelier

Picasso der Verwandlungskünstler

Picasso war es viel zu langweilig, seine Bilder nur auf eine Weise zu malen. Sobald ihm die gerade entwickelten Formen nicht mehr gefielen, erfand er einfach neue. Schau dir noch einmal die beiden Porträts von seinen Kindern Paul und Maya auf den Seiten 9 und 13 an: Wie unterschiedlich sie doch aussehen!

Und in diesem Bild? Zwei Kinder, die draußen im Garten sitzen und malen. Ihre Zeichenblätter sind noch ganz weiß. Haben beide ihre Augen geschlossen? Vielleicht stellen sie sich gerade vor, was sie zeichnen wollen?

Picasso hat hier Claude, Paloma und die Pflanzen mit wenigen, kräftigen Farben und ganz einfachen schwarzen Strichen und Konturen wiedergegeben. Worauf sitzen denn die beiden? Auf einer blauen Decke? Einem Teppich? Das leuchtende Grün erinnert an frisches Gras und junge Zweige – wie im Frühling.
Claude ist mit viel Blau ausgemalt. Hat er auch zwei Gesichter? Picasso hat mit dem Pinselstiel an Claudes Hinterkopf und Rücken Kratzspuren in der noch feuchten Farbe hinterlassen. Die weißen Linien sehen fast aus wie Sonnenlicht, das auf Claude fällt.

Ist die eine Hand von Paloma durchsichtig? Hat ihr Bruder an einer Hand nur vier Finger? So könnten Kinder sie auch gemalt haben. Auf welchem Bild in diesem Buch hast du schon einmal ganz ähnlich gemalte Hände gesehen, die eher wie ein Kaktus aussehen?

Seite 31: Claude und Paloma beim Zeichnen

Eule

Picasso liebte die Farben und das helle Licht der Côte d'Azur, der Küste in Südfrankreich, wo der Himmel so einmalig azurblau ist und das Meer auch.

Wohnt hier ein Vogelzüchter? Da ist auch das Meer mit einer Insel! Auf dem Balkon: Sitzen da zwei Tauben, die sich aufplustern? Wie schön bunt die Farben auf diesem Bild doch sind! Hier kannst du sehen, wie Picasso mit leuchtenden, sonnigen Farben, aber auch wieder mit viel Schwarz den Ausblick vom Dachgeschoss seiner Villa und die Tauben, die ihm beim Malen Gesellschaft leisteten, auf seine Leinwand übertragen hat.

Picasso hielt immer viele Tiere in seinen Ateliers: Hunde, Katzen, Ziegen, Papageien, eine Meerkatze, eine Schildkröte, sogar einmal eine weiße Maus in einer Schreibtischschublade, oft aber auch Tauben, die er schon als kleiner Junge in seine ersten Schulbücher gezeichnet hatte.

Seite 33: Die Tauben

Welchen Geist wollen diese Masken wohl vertreiben? Picasso-Masken aus Papier und Keramik neben einer Holzmaske aus Westafrika

Hast du schon einmal richtige Holzmasken aus Afrika gesehen?
Die Einheimischen dort tragen sie bei ihren Tänzen und Festen. Sie glauben, dass die Masken magische Kraft besitzen und sie vor bösen Geistern beschützen können. Picasso faszinierten diese afrikanischen Figuren und Masken schon als junger Künstler in Paris und er besaß sogar eine eigene Sammlung.

Ein Kreis für die Augen! Ein Rechteck für den Mund! Ein Dreieck für die Nase! Picasso fand die Masken mit den einfachen Formen so beeindruckend, dass er auf vielen seiner Bilder den Gesichtern auch maskenhafte Züge gab.

Picasso mit einer Stiermaske

Zu Picassos Lieblingsthemen gehörte auch der Stierkampf. Selbst als er schon sehr alt war, besuchte er mit seinen Freunden in Südfrankreich immer noch begeistert die Stierkampf-Arenen. Schau dir nur einmal an, wenn du ein paar Seiten weiterblätterst, wie Picasso aus einem alten Lenker und einem Fahrradsattel einen Stierkopf gezaubert hat!

Picasso stellte in seinen Kunstwerken das dar, was er vor Augen hatte und was ihm wichtig war: seine Familie und Freunde, Tiere, die Landschaft, in der er lebte. Das Meer, die Fische und Badende, Harlekine und die Menschen vom Zirkus, Musikanten, Instrumente und den Stierkampf. Mit den unterschiedlichsten Formen, Farben, Techniken und Materialien hat Picasso seine Themen und Motive immer wieder aufs Neue verwandelt.

Picasso sagte: »Ich wollte Maler werden und bin Picasso geworden.«

Picasso beim Zusammenfügen einer neuen Plastik in seinem Atelier in Vallauris

Im Atelier

Auf diesen beiden Fotos kannst du beobachten, wie Picasso gerade eine Skulptur aus gefundenen Materialien baut. Die Figur ist noch nicht ganz fertig. Aus seiner großen Sammlung an Fundstücken, die er im Atelier aufbewahrt hat, sucht er zunächst aus, was er für die Figur braucht. Eine flache Scheibe. Ein längliches Metallstück. Verschieden große Rohre und Holzstücke. Einen getrockneten Zweig mit Blättern. Schließlich hat er alle Teile so zusammengelegt, dass sie eine Picasso-Figur ergeben!

Kreativ-Workshop

Sammle kleine Alltagsgegenstände, die dir wegen ihrer besonderen Form oder Struktur gefallen – eine verbogene Gabel, Kabel, Schrauben, Treibholz vom Fluss, Wäscheklammern, Korken oder andere Dinge.

Wenn du genügend Fundstücke hast, wähle die besten Teile aus und lege sie zu einer Figur zusammen: Körper, Arme, Beine, Kopf. Mit Draht oder Schnur kannst du die einzelnen Teile umwickeln, verknoten und miteinander verbinden. Klappt es? Sonst lass dir dabei helfen.

Zeichne für eine Maske auf einem Pappkarton Kopf, Augen, Nase und Mund vor. Schneide dann die Augen so aus, dass du auch richtig sehen kannst. Wer möchtest du sein? Miss Pappkarton? Wolfi? Katze Liebling? Gefährlicher Kobold? Brauchst du eine lange Vogelnase? Eine runde Bärennase? Ohren oder Hörner? Aus Pappresten sind sie schnell gemacht. Klebe sie mit Alleskleber an.

Bemale deine Maske dann mit Buntstiften oder leuchtenden Ölpastellkreiden. Du kannst sie auch mit Goldfolie, Glitter, Federn oder Schmucksteinen verzieren – ganz wie es dir gefällt! Wenn du deine Maske anziehen willst, bohre mit der Schere zwei Löcher an den Seiten und befestige einen Gummifaden. Vielleicht hängst du die Maske in deinem Zimmer auf. Oder du vertreibst damit die Hausgespenster!

Museen

Vielleicht bist du jetzt neugierig geworden und möchtest mehr über Picasso herausfinden. Hier findest du Adressen von Museen, wo du dir ein Bild oder eine Skulptur des berühmten spanischen Malers im Original anschauen kannst. Befindet sich eins davon ganz in deiner Nähe?

Deutschland
- Museum Frieder Burda Baden-Baden www.museum-frieder-burda.de
- Neue Nationalgalerie Berlin www.neue-nationalgalerie.de
- Sammlung Berggruen Berlin www.smb.spk-berlin.de/shb
- Kunsthalle Bielefeld www.kunsthalle-bielefeld.de
- Kunsthalle Bremen www.kunsthalle-bremen.de
- Museum am Ostwall Dortmund www.museumamostwall.dortmund.de
- K20 – Kunstsammlung Nordrhein-Westfalen Düsseldorf www.kunstsammlung.de
- Museum Folkwang Essen www.museum-folkwang.de
- Städel Museum Frankfurt www.staedelmuseum.de
- Kunsthalle Hamburg www.hamburger-kunsthalle.de
- Sprengel Museum Hannover www.sprengel-museum.de
- Staatliche Kunsthalle Karlsruhe www.kunsthalle-karlsruhe.de
- Museum Ludwig Köln www.museenkoeln.de/museum-ludwig
- Wilhelm-Hack-Museum Ludwigshafen www.wilhelm-hack-museum.de
- Pinakothek der Moderne München www.pinakothek-der-moderne.de
- Graphikmuseum Pablo Picasso Münster www.graphikmuseum-picasso-muenster.de
- Saarlandmuseum Saarbrücken www.saarlandmuseum.de
- Staatsgalerie Stuttgart www.staatsgalerie.de
- Von der Heydt-Museum Wuppertal www.von-der-heydt-museum.de

Österreich
- Albertina Museum Wien www.albertina.at
- BA-CA Kunstforum Wien www.ba-ca-kunstforum.at
- Museum moderner Kunst Stiftung Ludwig Wien www.mumok.at

Schweiz
- Kunstmuseum Basel www.kunstmuseumbasel.ch
- Kunstmuseum Bern www.kunstmuseumbern.ch
- Museum Sammlung Rosengart Luzern www.rosengart.ch
- Fondation Beyeler Riehen www.beyeler.com
- Kunstmuseum Winterthur www.kmw.ch
- Kunsthaus Zürich www.kunsthaus.ch

Picasso beim Zeichnen von Seeigeln im Château Grimaldi in Antibes.
Heute ist dort ein berühmtes Picasso-Museum.

Frankreich
- Musée Picasso Antibes www.antibes-juanlespins.com/fr/culture/musees/picasso
- Musée Picasso Paris www.musee-picasso.fr

Spanien
- Museu Picasso Barcelona www.museupicasso.bcn.es
- Museo Picasso Málaga www.museopicassomalaga.org
- Museo Picasso Madrid www.madrid.org/museo_picasso

»Eines Tages nehme ich einen Fahrradsattel und eine Lenkstange, setze sie aufeinander – ich mache einen Stierkopf. Sehr gut.«

Bilder

- S. 1: Friedenstaube (colombe bleue), 28.12.1961, Lithographie,
  © Succession Picasso / VG Bild-Kunst, Bonn 2007
- S. 3: Lebensfreude, 1946, Öl (Ripolin) auf Hartfaserplatte, 120 x 250 cm, Musée Picasso, Antibes
  © Succession Picasso / VG Bild-Kunst, Bonn 2007
- S. 4: Pablo, Paloma und Claude Picasso: Zeichenstunde, 1953, Buntstift und Bleistift auf Papier,
  66 x 49,5 cm, Privatbesitz (Foto: Edward Quinn) © Succession Picasso / VG Bild-Kunst, Bonn 2007
- S. 9: Paul als Harlekin, 1924, Öl auf Leinwand, 130 x 97,5 cm, Musée Picasso, Paris
  © Succession Picasso / VG Bild-Kunst, Bonn 2007
- S. 11: Drei Musikanten, 1921, Öl auf Leinwand, 204,5 x 188,3 cm, Philadelphia Museum of Art
- @ bpk / Philadelphia Museum of Art / Art Resource, NY
- S. 13: Kleines Mädchen mit Boot (Maya), 1938, Öl auf Leinwand, 61 x 46 cm,
  Museum Sammlung Rosengart Luzern © Succession Picasso / VG Bild-Kunst, Bonn 2007
- S. 15: Badende Frauen am Strand, 1928, Öl auf Leinwand, 21,5 x 40,4 cm, Musée Picasso, Paris
  © Succession Picasso / VG Bild-Kunst, Bonn 2007
- S. 18: Violine im Café, 1913, Öl auf Leinwand, 81 x 54 cm,
  Museum Sammlung Rosengart Luzern © Succession Picasso / VG Bild-Kunst, Bonn 2007
- S. 23: Fußballspieler, 1961, Blech, ausgeschnitten und bemalt, 58,3 x 47,5 x 14,5 cm,
  Musée Picasso, Paris © Succession Picasso / VG Bild-Kunst, Bonn 2007
- S. 24: Schleiereule auf braunem Grund graviert, 1947, Keramik,
  38,5 x 32 cm, Musée Picasso, Antibes © Succession Picasso / VG Bild-Kunst, Bonn 2007
- S. 25: Die Eule, 1950/51, Bemalte Keramik, 34 x 35 x 22 cm,
  © Succession Picasso / VG Bild-Kunst, Bonn 2007
- S. 26: Die Ziege, 1950, Bronze, 120,5 x 72 x 144 cm, Musée Picasso, Paris
  © Succession Picasso / VG Bild-Kunst, Bonn 2007
- S. 29: In Picassos Atelier (Das Atelier in Cannes), 13.11.1955, Farblithographie,
  Graphikmuseum Pablo Picasso, Münster © Succession Picasso / VG Bild-Kunst, Bonn 2007
- S. 31: Claude und Paloma beim Zeichnen, 1954, Öl auf Leinwand, 92 x 73 cm,
  Privatbesitz, Newark (New Jersey) © Succession Picasso / VG Bild-Kunst, Bonn 2007
- S. 32: Die Eule, 1956, Kupferstich, Musée Picasso, Paris
  @bpk / RMN - Grand Palais / Thierry Le Mage
- S. 33: Die Tauben, 1957, Öl auf Leinwand, 100 x 80 cm, Museu Picasso, Barcelona
  © Succession Picasso / VG Bild-Kunst, Bonn 2007
- S. 37: Masken, von Kindern gebastelt (Foto: Bernd Lieven)
- S. 41: Stierkopf, 1942, Assemblage, ursprüngliche Bestandteile: Fahrradsattel und Lenkstange
  (Leder und Metall), 33,5 x 43,5 x 19 cm, Musée Picasso, Paris
  © Succession Picasso / VG Bild-Kunst, Bonn 2007

Fotos

- S. 7: Picasso, Claude und Paloma, Vallauris, 1953
  Foto: Edward Quinn © edwardquinn.com
- S. 10: Pablo Picasso: Selbstbildnis in seinem Atelier am Boulevard de Clichy, 11.12.1910
  © Succession Picasso / VG Bild-Kunst, Bonn 2007
- S. 17: Pablo im Alter von sieben Jahren mit seiner Schwester Lola, 1888
  © Succession Picasso / VG Bild-Kunst, Bonn 2007
- S. 19: Picasso mit seinem Sohn Paul in Dinard, 1922
  © Succession Picasso / VG Bild-Kunst, Bonn 2007
- S. 19: Picasso, seine Tochter Maya und ihr Hund Ricky auf dem Balkon der Wohnung am Boulevard Henri IV, Paris, 1944 © Succession Picasso / VG Bild-Kunst, Bonn 2007
- S. 20: Vallauris, »La Galloise«, 1953
  Foto: Edward Quinn © edwardquinn.com
- S. 21: Picasso und Jacqueline tanzen in »La Californie«
  Foto: David Douglas Duncan © David Douglas Duncan
- S. 25: Picasso mit einer Eule, die er aus Antibes mitgebracht hat, in seinem Pariser Atelier, 1947
  © Succession Picasso / VG Bild-Kunst, Bonn 2007
- S. 27: Picasso mit Ziege Esmeralda, Cannes, »La Californie«, 1956
  Foto: Edward Quinn © edwardquinn.com
- S. 28: Esstisch und Anrichte, darüber zwei Porträts von Jacqueline im Atelier »La Californie«, 1954
  Foto: Edward Quinn © edwardquinn.com
- S. 34: Masken aus Pappe und Keramik, Holzmaske aus Afrika neben kleiner Kreidezeichnung
  Foto: Edward Quinn © edwardquinn.com
- S. 35: Picasso mit Stiermaske, Cannes, »La Californie«, 1959
  Foto: Edward Quinn © edwardquinn.com
- S. 36: »Le Fournas«, Vallauris, 1953
  Foto: Edward Quinn © edwardquinn.com
- S. 36: »Le Fournas«, Vallauris, 1953
  Foto: Edward Quinn © edwardquinn.com
- S. 39: Picasso im Profil, Seeigel zeichnend, 1946, Foto: Michel Sima © Rue des Archives, Paris
- S. 44: Pablo Picasso mit Teigfingern, 1952
  Foto: Robert Doisneau © Robert Doisneau / Rapho / laif, Köln

© Kindermann Verlag, Berlin 2007

Alle Rechte vorbehalten
3. Auflage 2021
Konzept, Text und Bildauswahl: Britta Benke
Einbandvorderseite: Kleines Mädchen mit Boot (Maya), 1938, Öl auf Leinwand, 61 x 46 cm,
Museum Sammlung Rosengart Luzern
Einbandrückseite: Die Eule, 1950/51, Bemalte Keramik, 34 x 35 x 22 cm
Für die Abbildungen der Werke von Picasso: © Succession Picasso / VG Bild-Kunst, Bonn 2007
ISBN 978-3-934029-27-9
www.kindermannverlag.de

Die Autorin und der Verlag danken für die freundliche Unterstützung der PwC-Stiftung